AF268384

CERCLE D'INSTRUCTION POPULAIRE
D'ÉPERNAY

LES

Colonies Françaises

LEUR HISTOIRE

Conférence faite le 3 Février 1902

PAR

M. Jean-Remy CHANDON de BRIAILLES

ÉPERNAY

M. D. CCCCII

CERCLE D'INSTRUCTION POPULAIRE
D'ÉPERNAY

.LES

Colonies Françaises

—

LEUR HISTOIRE

Conférence faite le 3 Février 1902

PAR

M. Jean-Remy CHANDON de BRIAILLES

ÉPERNAY

M. D. CCCCII

CERCLE D'INSTRUCTION POPULAIRE

D'ÉPERNAY

3 Février 1902.

Messieurs,

Le plaisir de répondre à l'invitation de notre sympathique et infatigable Président et de vous entretenir ce soir d'un sujet qui m'est particulièrement cher, ce plaisir, dis-je, ne m'empêche nullement d'apercevoir ce que mon entreprise peut avoir de téméraire.

Comment, en effet, sans dépasser les bornes qu'impose la plus élémentaire discrétion envers ce bienveillant auditoire, donner un aperçu, si sommaire soit-il, de l'empire colonial de la France, qui s'étend aujourd'hui, dans les diverses parties du monde, sur plus de 4 millions de kilomètres carrés et renferme 42,000,000 d'habitants ?

Sous peine d'être ingrats envers la Providence et injustes envers nos devanciers, ne devons-nous pas rappeler d'abord les entreprises hardies des trois siècles précédents, puis passer en revue ce qui nous reste de nos anciennes possessions, ce que les soixante-dix dernières

CERCLE D'INSTRUCTION POPULAIRE

D'ÉPERNAY

3 Février 1902.

Messieurs,

Le plaisir de répondre à l'invitation de notre sympathique et infatigable Président et de vous entretenir ce soir d'un sujet qui m'est particulièrement cher, ce plaisir, dis-je, ne m'empêche nullement d'apercevoir ce que mon entreprise peut avoir de téméraire.

Comment, en effet, sans dépasser les bornes qu'impose la plus élémentaire discrétion envers ce bienveillant auditoire, donner un aperçu, si sommaire soit-il, de l'empire colonial de la France, qui s'étend aujourd'hui, dans les diverses parties du monde, sur plus de 4 millions de kilomètres carrés et renferme 42,000,000 d'habitants ?

Sous peine d'être ingrats envers la Providence et injustes envers nos devanciers, ne devons-nous pas rappeler d'abord les entreprises hardies des trois siècles précédents, puis passer en revue ce qui nous reste de nos anciennes possessions, ce que les soixante-dix dernières années y ont ajouté, et conclure enfin par l'expression des légitimes espérances que nous pouvons actuellement concevoir, et l'indication des moyens les plus propres à les réaliser ?

Pour ne pas abuser aujourd'hui de votre attention, nous nous bornerons à retracer, aussi rapidement que possible, l'histoire de nos conquêtes d'outre-mer, réservant pour un autre entretien l'étude géographique et économique de nos colonies.

Cette Conférence a été rédigée à l'aide de documents
puisés dans les ouvrages suivants :

La France Coloniale, par M. A. RAMBAUD, Sénateur,
Membre de l'Institut.

La France hors de France, par le R. P. PIOLET, de
la Compagnie de Jésus.

*Les Colonies Françaises : Un Siècle d'expansion
coloniale*. (Ministère des Colonies, Exposition de 1900.)

LES
COLONIES FRANÇAISES

I. — Avant 1789

La France, en essayant de reconstituer un empire colonial, n'a fait que reprendre une des plus vieilles et l'une des plus profitables traditions de son passé (1).

Depuis plus de 400 ans, c'est-à-dire depuis que notre patrie a pris conscience de sa force, depuis qu'elle a une marine et des armées, elle a essayé de prendre sa part des mondes nouvellement découverts.

La politique coloniale de notre pays n'est pas l'œuvre d'une génération ; elle remonte, au contraire, loin, bien loin dans notre histoire ! Et si nos arrière-grands-pères l'ont entamée, si nos pères l'ont continuée, si nous, les Français modernes, lui avons donné une ampleur inusitée ; si, en un mot, cette politique est l'œuvre de cinq siècles, ne peut-on pas en conclure dès maintenant qu'elle n'est pas due à l'entraînement irréfléchi, à « l'emballement » d'une époque, à la volonté seule d'hommes qui dirigent les affaires de la France, fussent-ils des François Ier, des Louis XIV, des

---

(1) A. RAMBAUD. — *La France Coloniale*, p. 1.

Louis-Philippe, des Napoléon III, des Jules Ferry ? Ne peut-on pas affirmer, au contraire, qu'elle nous est imposée par la force des choses, qu'elle nous est dictée par une loi supérieure qui nous crie : « Marche, marche ! » et qui impose sa volonté aux gouvernements qui se sont succédé en France : rois féodaux, absolus ou constitutionnels ; empire et république ? (1)

Nous avons peut-être précédé tous les autres peuples, même ceux qui s'y sont fait le nom le plus glorieux, dans la voie des découvertes. Nos pêcheurs du pays basque, lancés à la poursuite de la baleine dans les mers du Nord, ont peut-être, dès le neuvième siècle, 600 ans avant Christophe Colomb, mis le pied sur le continent américain. Nos marins de la côte normande, les Dieppois, les Rouennais, se sont montrés sur les rivages du Sénégal et de la Guinée, et dans les îles voisines, peut-être avant les Portugais eux-mêmes.

Vers 1365, ils avaient fondé en Guinée des établissements dont les noms sont assez caractéristiques : *le petit Paris, le petit Dieppe, la Mine.* Ils en rapportaient des gommes, de l'or, des défenses d'éléphants. C'est de cette époque que date la grande industrie dieppoise : le travail de l'ivoire.

En 1402, Jean de Bethencourt, un seigneur normand, chambellan de Charles VI, débarqua dans les îles Canaries, en opéra la conquête dans l'espace de deux ans, y fit prêcher le Christianisme et s'en proclama le souverain. C'est le premier colonisateur français

____

(1) R. P. Piolet. — *La France hors de France,* p. 227.

(pour ne pas parler des Croisades), dont le nom nous ait été conservé.

Un Dieppois, Jean Cousin, partit, en 1448, à la recherche des Indes Orientales, et ne revint que onze années plus tard. D'après une tradition constante à Dieppe, un courant de mer l'aurait emporté au loin vers l'ouest des Açores et il aurait débarqué sur une terre inconnue, près de l'embouchure d'un grand fleuve. Après avoir fait acte de possession sur ces rivages, il aurait abordé la côte d'Afrique et serait revenu dans sa patrie, chargé de denrées des Tropiques.

Le premier voyage français en Amérique, qui soit certifié par des documents écrits, est celui de Paulmier de Gonneville qui, en 1503, partit de Honfleur, passa l'Equateur et aborda au Brésil, douze ans après l'arrivée de Christophe Colomb aux Antilles.

A Dieppe, avait commencé la fortune des Ango qui, enrichis par le commerce d'Amérique et d'Afrique, fondèrent comme une dynastie d'armateurs.

Denis de Honfleur prit pied en 1504 dans la baie de Bahia, au Brésil. En 1523, Jean III, roi de Portugal, ordonna de couler les navires français qui navigueraient dans les eaux brésiliennes : en représailles, les Français détruisent, en 1530, l'établissement portugais de Pernambouc et capturent plus de 300 bâtiments. Puis Jean Ango, à la tête d'une vingtaine de navires, vient bloquer l'embouchure du Tage, remonte le fleuve jusqu'en vue de Lisbonne, et oblige le roi à demander la paix.

On comptait une douzaine de nos compatriotes sur

les quatre vaisseaux avec lesquels Magellan accomplit le premier tour du monde et, en 1850, découvrit le détroit qui porte son nom.

Remarquons, ajoute M. Rambaud, dans la *France Coloniale*, qu'à cette époque, les Anglais, les dominateurs actuels des mers, étaient bien loin de rivaliser avec les marins de race latine, Français, Espagnols, Portugais, Italiens. Ces insulaires ne s'étaient pas encore aventurés sur les vagues de l'Atlantique.

Depuis des années reculées, nos marins de Dieppe, de Rouen et de la Rochelle exploitent les pêcheries de Terre-Neuve, et visitent les côtes de l'Asie Mineure, de l'Egypte, de l'Amérique du Nord (1).

Reprenant les traditions des Grecs, des Carthaginois, des Romains, des Phéniciens, entraînés comme eux par cette loi humaine qui veut que tout homme civilisé travaille non seulement pour acquérir sa nourriture, son vêtement et son abri, mais encore pour se constituer, conserver et augmenter une fortune qu'il transmettra à ses enfants, ils s'élancent à la conquête commerciale des pays absolument neufs dont ils étaient séparés par la mer, leur grande route naturelle.

Ces efforts, jusqu'au commencement du xvie siècle, ne sont que des efforts individuels, enrichissant des particuliers, des familles, des villes, des provinces. Cependant ils commencent à attirer l'attention de tous, et les esprits s'accoutument peu à peu à la pensée des

---

(1) R. P. Piolet, p. 227.

trafics et des établissements lointains. L'idée coloniale germe, naît, grandit.

Vienne enfin, après la guerre de Cent ans, un gouvernement central, fortement constitué, et ce gouvernement ne négligera rien à son tour pour centraliser, pour guider et rendre irrésistible le mouvement qui lançait nos populations vers les pays d'outre-mer ! François I*er* fait de l'expansion au dehors une *affaire du roi*. En 1537, il fondait la ville Françoise (Franciscopolis ou le Havre). Il chargea un lieutenant d'Ango, Giovanni Verazzano, d'une expédition dans l'Amérique du Nord ; la découverte de Terre-Neuve couronna ce voyage. Au Canada, Jacques Cartier, de Saint-Malo, en 1535, entra dans le fleuve Saint-Laurent, large comme un bras de mer, le remonta jusqu'à une cataracte qui fut appelée le *Saut du Roi*. C'est l'endroit où s'élève aujourd'hui Montréal.

En 1542, Jacques Cartier et le Seigneur de Roberval, qui étaient chargés de conduire sur ce sol vierge, comme premiers colons, un convoi de condamnés, créèrent deux établissements : l'un au cap Breton, l'autre dans l'île d'Orléans, que baigne le grand fleuve.

Toute la région du Saint-Laurent prit le nom de CANADA, du mot indien KANATA (cabane). Un autre tendit à se substituer à celui-là : celui de la NOUVELLE-FRANCE.

D'autres tentatives furent faites pour nous mettre en possession de notre part d'héritage dans le nouveau monde.

Coligny conçut le projet de fonder au Brésil une

colonie où pourraient se réfugier les protestants inquiétés en France pour leurs opinions religieuses. Il en chargea Durand de Villegagnon, gentilhomme de Provins. Les Français débarquèrent à Rio de Janeiro et y furent accueillis avec enthousiasme ; mais la discorde ne tarda pas à disperser les éléments disparates de la nouvelle colonie.

Si les desseins de Coligny avaient été mieux exécutés, si ces immenses régions du Brésil, faiblement occupées par les Portugais, avaient passé sous notre domination et constitué ce que Villegagnon appelait déjà une « France antarctique », l'histoire des deux mondes eût été bien différente aux siècles suivants.

Il fallut que HENRI IV eût rétabli l'autorité royale et la paix religieuse par l'édit de Nantes, pour que l'on tournât de nouveau les yeux vers l'Atlantique.

Un écrivain de l'époque, Lescarbot, s'attache à montrer la haute valeur du lot qui nous est encore réservé dans l'Amérique du Nord. A ceux qui ne veulent entendre que parler de mines d'or et d'argent, il répond ces sages paroles : « La plus belle mine que je sache, c'est du blé et du vin, avec la nourriture du bétail. Qui a ceci, a de l'argent. Des mines, nous n'en vivons point, et tel souvent a belle mine qui n'a pas beau jeu. »

Les explorateurs sont aussi inspirés par l'idée religieuse et cherchent à convertir les sauvages pour en faire des Français en même temps que des Chrétiens. Les agriculteurs et les missionnaires succèdent aux chercheurs d'or.

Dans l'Amérique du Sud, un cadet de Gascogne,

Adalbert de La Ravardière, reconnaît la Guyane et en prend possession au nom de Henri IV, dans l'intention de fonder une France équatoriale.

Grâce à Champlain et à ses compagnons, Henri IV en mourant léguait à la France un empire américain de 1,600 lieues de long sur 500 lieues de large, où des villes se fondaient, où un commerce actif avait commencé avec les Peaux-Rouges, et que jalousaient déjà les Anglais et les Hollandais.

François Ier et Coligny n'avaient guère fait que des tentatives : Henri IV a donc été vraiment le premier fondateur de notre empire colonial.

Le second fut RICHELIEU, qui disait avec raison au commencement du XVIIe siècle · « Il semble que la nature ait voulu offrir l'empire de la mer à la France, par l'avantageuse situation de ses deux côtes également pourvues d'excellents ports, aux deux mers : Océane et Méditerranée » (1).

Le grand Cardinal posait en principe que « pour être une puissance continentale, il faut que la France soit une puissance maritime » ; que l'Angleterre pourrait « descendre impunément sur nos côtes » et tout oser contre nous « lorsque notre faiblesse nous ôterait tout moyen de ne rien entreprendre à son préjudice. » « Tout démontre donc, disait-il, l'indispensable utilité de favoriser le commerce maritime et surtout celui au long cours. Pour cela, il faudrait faire de *Bons Etablissements coloniaux* et y envoyer des vaisseaux,

______

(1) R. P. Piolet, p. 226.

ainsi qu'ont fait les Portugais, les Anglais et les Flamands ; lesquels vaisseaux, par leur trajet continuel, réunissent, en quelque sorte, les membres à la tête, portent et rapportent les choses nécessaires à leur subsistance, les ordres de la métropole, les chefs pour les commander, les soldats pour exécuter, l'argent qui est le nerf de la guerre. »

En Amérique, les Anglais, profitant de la faiblesse de la régente Marie de Médicis, avaient, en pleine paix, brûlé Port-Royal, ravagé l'Acadie et obligé Québec à capituler. Le Cardinal arma des vaisseaux, menaça l'Angleterre et la contraignit, par la paix de Saint-Germain, en 1632, à rendre le bien volé. Champlain. qui mourut en 1635, eut la consolation de voir son œuvre en bonne voie. Comme le dit le R. P. Charlevoix. le vieil historien du Canada, Champlain « peut être à bon titre appelé le Père de la Nouvelle-France » (1).

Dans l'autre Océan, Richelieu avait fait occuper l'île de la Réunion et jeté les yeux sur Madagascar. « La Providence, a-t-il écrit dans son testament, veut aussi que nos colonies se dressent en face des possessions de l'Angleterre dans la mer des Indes-Orientales, afin de faire contrepoids à sa toute-puissance maritime, dans l'intérêt du monde entier. » Cinq mois avant sa mort, il avait fait signer à Louis XIII l'acte qui constituait la Compagnie des INDES ORIENTALES.

Près de dix-neuf ans sont encore perdus dans les misères d'une nouvelle régence, puis apparaît COLBERT.

---

(1) A. RAMBAUD, p. 14 et 15.

Pendant son administration (1661-1683), la Nouvelle-France, colonisée d'une manière suivie, s'agrandit d'une annexe immense, la Louisiane ; la France EQUINOXIALE s'étend dans les Antilles ; la France ORIENTALE est rattachée plus étroitement à la Métropole.

A sa mort (1683), cet empire colonial, le premier que nous avons possédé, celui auquel ont travaillé avant lui François Ier, Coligny, Henri IV, Richelieu, est à son maximum de puissance. Il était principalement établi en Amérique, où nous n'avons plus aujourd'hui que des possessions de faible importance. En négligeant nos établissements en Afrique, et même nos établissements à la Guyane et aux Antilles, on peut dire que nos possessions comprenaient la presque totalité de l'Amérique du Nord, c'est-à-dire le Canada et les neuf dixièmes du territoire actuel des Etats-Unis, soit un pays vingt-cinq fois plus étendu que la France.

A l'exemple de Louis XIV, lui-même, les princes, les courtisans, la magistrature et le clergé souscrivent abondamment pour la formation de compagnies de colonisation.

Nous sommes, à cette période de notre histoire, la première puissance continentale, maritime, coloniale et commerciale du monde entier ! (1)

Nous avons devancé l'Angleterre dans l'Amérique du Sud et aux Indes, et c'est à nous que doit revenir

-----

(1) R. P. Piolet, p. 229.

la possession incontestée de ces vastes et fertiles territoires.

Mais l'heure des revers a sonné ! l'Angleterre va s'acharner à notre perte, et, de 1689 à 1815, elle va soudoyer les puissances de l'Europe, les lancer sur nous, nous susciter guerres continentales sur guerres continentales, profiter des fautes de Louis XIV vieilli et de son indigne successeur. Elle se servira de nos convulsions intérieures au moment de la Révolution et même de notre magnifique épopée impériale. Sa politique audacieuse, habile, nationale, quoique souvent peu morale, aboutira à la ruine de notre empire colonial ; elle en édifiera un qui la rendra sans conteste la première nation maritime, coloniale, commerciale du monde entier.

Pendant les deux dernières grandes guerres du règne de Louis XIV, les Anglais insultèrent toutes nos colonies. Nos revers en Europe amenèrent une paix désastreuse : au traité d'Utrecht, Louis XIV dut céder Terre-Neuve, l'Acadie et la baie d'Hudson (1).

On chercha à réparer ces pertes. Les colons canadiens s'élevèrent de 25 à 30 mille ; la Nouvelle-Orléans fut fondée en 1717. On établit une ligne de forts sur l'Ohio. Dans la mer des Indes, le gouverneur Mahé de la Bourdonnais commença, en 1735, à mettre en valeur l'île de France, que nous prîmes aux Hollandais en 1712. Il en fit la principale station

-----

(1) A. RAMBAUD, p. 20.

militaire sur l'Océan Indien, d'où nous avons pu, au milieu des guerres les plus désastreuses de la République et de l'Empire, tenir si longtemps en échec toutes les forces de l'Angleterre.

Pendant la même période, on jeta, dans l'Inde, les fondements d'un grand empire. Là, nos premiers ennemis furent les Hollandais, qui nous prirent Pondichéry. Ils restituèrent leurs conquêtes à la paix ; puis, à mesure qu'ils s'affaiblirent, les Anglais prirent leur place en face de nous.

L'homme qui osa rêver de donner à la France un empire dans l'Inde fut DUPLEIX, né à Landrecies en 1697. Les services qu'il avait rendus à Chandernagor, le firent nommer en 1741 gouverneur général, en résidence à Pondichéry.

Les Anglais eux-mêmes lui font honneur d'avoir trouvé avant eux les deux moyens qu'ils ont employés depuis sur une vaste échelle et qui leur ont valu la domination sur 250 millions d'Indous. Le premier consistait à dresser à la discipline européenne des *Cipayes* ou soldats indigènes ; le second consistait à intervenir dans les guerres entre souverains indous, à profiter des dépouilles du vaincu et à se faire récompenser par le vainqueur.

Sur ses ordres, La Bourdonnais lui amena, de l'Ile de France, des renforts qui lui permirent d'assiéger Madras, ville anglaise, et de s'en rendre maître. Les Anglais, pour rentrer en possession de Madras, excitèrent le Nabab du Carnatic à reprendre cette ville. Ce prince envoya dix mille hommes et une artillerie formidable, alors que Dupleix ne disposait que de 230 européens, 700 cipayes, sans un seul canon. Sous le feu de l'ennemi, ses soldats parvinrent à passer audacieusement la rivière et chargèrent à la baïonnette. En quelques minutes, l'armée indoue fuyait dans toutes les directions, abandonnant toute son artillerie et d'immenses richesses.

Cette affaire décida pour longtemps du sort de l'Inde. Jusqu'alors, les Européens avaient redouté les princes indous ; mais quand on vit qu'une poignée d'Européens dispersaient des milliers d'indigènes, le secret de la faiblesse des Indous éclata à tous les yeux ; dès lors les rôles changèrent. Les Anglais rendent hommage à Dupleix pour cette révolution inattendue qui, un jour, devait leur valoir un empire : « Nous ne devons pas oublier, dit l'historien Malleson, que tout le mérite en appartient à cette grande nation française, à laquelle nous disputâmes plus tard la suprématie dans l'Indoustan et qui n'y remporta pas la dernière victoire. » Louis XV consentit, au traité d'Aix-la-Chapelle (1748), à restituer Madras.

Par des acquisitions nouvelles, Dupleix était maître de presque toute la partie péninsulaire de l'Inde ; l'Angleterre s'émut et exigea son rappel : il fut sacrifié au désir de maintenir une paix que les Anglais allaient, deux ans plus tard, outrageusement violer.

Leurs prétentions se manifestèrent partout avec un redoublement d'audace. Puis, l'amiral Boiscawen, sans déclaration de guerre, se mit à courir sus à la marine française, enleva 300 navires portant pour 30 millions de marchandises et montés par 10,000 matelots. Tel fut le prélude de la guerre de Sept Ans, pendant laquelle tous les efforts et toutes les ressources furent prodigués en Allemagne, tandis qu'on abandonnait à eux-mêmes le Canada et l'Indoustan.

Dès l'année 1755, les Anglais exigeaient des Acadiens le serment de fidélité au roi d'Angleterre ; étant français, ils refusèrent. Alors on les enleva en masse à leurs maisons, à leurs terres ; on les entassa pêle-mêle sur des vaisseaux anglais, si bien que les familles furent séparées et qu'un vieux notaire mourut de chagrin de ne pouvoir retrouver ses enfants !

Le marquis de Vaudreuil, gouverneur du Canada, appela aux armes nos colons ; puis, quand le marquis de Montcalm eut amené des renforts de France, la victoire nous sourit en plusieurs affaires. Alors les Anglais portèrent leurs forces à près de 80,000 hommes ; nous n'avions que 6,000 soldats à leur opposer ! Les forts résistèrent longtemps, mais l'année suivante, 1759, se produisit la crise fatale. Après un combat acharné, où 4,500 français osèrent monter à l'assaut des positions anglaises, défendues par plus de 20,000 combattants, l'armée française se retira et Québec capitula. Montcalm, grièvement blessé, s'écria : « Au moins, je ne verrai pas les Anglais entrer dans Québec ! »

Au TRAITÉ DE PARIS, les Anglais rendirent bien Chandernagor, Pondichéry et trois autres villes de l'Inde, mais démantelées et privées de toute influence sur l'intérieur de la péninsule. En Amérique, on leur céda le Canada et la Louisiasne ; aux Antilles : Saint-

Vincent, La Dominique, Tabago ; en Afrique, ils gardèrent le Sénégal et ne rendirent que l'îlot de Gorée. De ces immenses territoires, vingt ou trente fois plus grands que la France, il ne nous restait que des bribes !

Chose étrange ! on ne parut même pas se douter alors de l'étendue de ces pertes et de l'immensité du désastre ! Voltaire a largement contribué à fonder une tradition encore vivace aujourd'hui, et dont les adeptes nous prêchent uniquement l'imitation de l'étranger ; c'est le premier apôtre de la foi en la « supériorité des Anglo-Saxons ». La célèbre lettre à Chardon, du 5 avril 1767, l'atteste : « On a bien raison de dire de la France : *Non illi imperium pelagi* » (L'empire de la mer n'est pas fait pour elle). La fameuse phrase dans laquelle il regrette que : « deux nations civilisées soient en guerre pour quelques arpents de neige au Canada », en a fait oublier beaucoup d'autres qui ne sont ni plus sages ni plus généreuses (1).

Les politiques français qui allaient se trouver aux prises avec l'Angleterre, résolue à ruiner notre marine et le reste des colonies, avaient été imbus aussi dans leur enfance, de l'énervante sentimentalité d'un Bernardin de Saint-Pierre. Ils avaient pu lire ce curieux conseil : « Je croirai avoir rendu service à ma patrie, si j'empêche un seul honnête homme d'en sortir, et si je puis le déterminer à cultiver un arpent de plus dans quelques landes abandonnées. »

Les livres de doctrine raisonnée et de savoir profond

____

(1) *Un Siècle d'Expansion coloniale*, p. 12.

n'étaient pas moins décourageants pour la jeunesse du xviiie siècle qui aurait rêvé de reconquérir nos colonies.

En lisant Montesquieu, elle aurait appris que « l'effet ordinaire des colonies est d'affaiblir les pays d'où on les tire sans peupler ceux où on les envoit. » Pour l'auteur de *l'Esprit des Lois,* « l'objet des colonies est de faire le commerce à de meilleures conditions qu'on ne le fait avec les peuples voisins. »

Turgot n'avait pas d'autres desseins. On sait avec quelle insistance il recommandait au roi, dans son *Mémoire sur la Guerre d'Amérique,* « de regarder les colonies, non comme des provinces asservies, mais des états amis, protégés si l'on veut, mais étrangers et séparés. »

Tout ce que l'on avait imaginé depuis deux siècles, tout ce qu'avaient imaginé des politiques tels que Henri IV, Richelieu et Colbert, c'était « l'illusion qui berce nos politiques. » Il faut — disait-on — la dissiper au plus vite et « l'on s'apercevra, par le peu de changement réel qu'on éprouvera, que cette puissance était aussi nulle et chimérique dans le temps qu'on en était le plus ébloui. »

Cependant LOUIS XVI était passionné pour la marine, pour la géographie et les découvertes. Sous ses auspices, de hardis marins parcourent les mers et les archipels encore peu connus de l'Océanie (Bougainville, Surville, La Pérouse).

Le TRAITÉ DE VERSAILLES, conclu en 1787, avec le fils du roi Gyalong (Annam) nous donne la baie de Tourane, les îles Poulo-Condor et le droit d'établir des comptoirs de commerce dans le pays. En retour, nos officiers aident Gyalong à conquérir le Tonkin.

En accordant son concours pour la guerre de l'indépendance américaine, Louis XVI se laisse imposer une condition qui consacre le désastre de 1763 et « renonce pour jamais à la possession d'aucune partie du continent de l'Amérique Septentrionale, qui est à présent ou qui a été récemment sous le pouvoir du roi et de la couronne de la Grande-Bretagne.

Lorsque la paix fut signée à Versailles, en 1785, les Anglais nous restituèrent ce qu'ils avaient pu nous prendre pendant la guerre d'Amérique et quelques-unes des conquêtes de la guerre de Sept Ans : parmi celles-ci, Tabago et le Sénégal. Nous renoncions à tirer profit des exploits de Suffren et de Bussy, aux Indes.

II. — De 1789 à 1880

Causé par la Révolution et les guerres de l'Empire, un brusque arrêt se produit dans notre expansion coloniale, malgré la cession consentie par l'Espagne d'une partie de Saint-Domingue et, plus tard, de la Louisiane. Saint-Domingue nous échappe définitivement en 1802, malgré les efforts du général Leclerc, beau-frère du premier Consul, et, en 1803, nous vendons la Louisiane aux Etats-Unis pour la somme de 80,000,000.

NAPOLÉON comprenait cependant l'importance capitale qu'il y avait pour nous à détruire la prépondérance anglaise et à reconstituer notre empire colonial.

Il avait rêvé de s'établir en Egypte, en Syrie, et, par deux fois, d'arracher les Indes aux Anglais, en s'appuyant d'abord, en 1798, sur le sultan de Maïssour, Tipou-Sahib, leur ennemi acharné et indomptable, et ensuite, en 1801, en s'alliant à Paul Ier, l'empereur de Russie.

Mais le désastre d'Aboukir ruine notre puissance navale, nous enlevant ainsi toute possibilité d'action hors du continent, et Paul Ier meurt assassiné, très à propos, dans la nuit du 23 mars 1801, alors que les deux armées qu'il devait envoyer aux Indes commençaient leur mouvement et que les Indous frémissants n'attendaient qu'un signal pour se révolter.

LE TRAITÉ DE PARIS (30 Mai 1814), consacra notre déchéance maritime et coloniale et la suprématie de l'Angleterre. Dans l'Océan Indien, nous perdions Rodrigues, les Seychelles ; l'Ile de France, peuplée d'une nombreuse colonie de notre race, riche par ses cultures, munie d'un excellent port ; par malheur ou à dessein, Madagascar n'était pas nettement signalée au nombre des terres qu'on nous laissait. Les cinq villes de l'Inde nous faisaient retour, mais sous forme de comptoirs dépourvus de protection autre qu'une police (1).

Aux Antilles, nous retrouvions nos possessions de 1792, sauf Tabago et Sainte-Lucie, cédées à l'Angleterre. La perte définitive de Saint-Domingue aggravait ces

---

(1) *Expansion coloniale*, p. 60.

dommages ; et la condition des îles restituées, Guadeloupe, Martinique et dépendances, était lamentable.

C'était sous bénéfice d'une médiation britannique
pour le règlement de la frontière en pays contesté, que
la GUYANE nous était rendue par les Portugais ; à ce
titre l'arrangement figurait au traité.

Le droit de pêche à TERRE-NEUVE était stipulé
dans les mêmes conditions qu'au 1er janvier 1792,
suivant la formule générale de ce traité.

Les établissements du SÉNÉGAL, jugés désormais
peu dangereux pour la puissance qui avait confisqué et
gardé le Cap et acquis l'Ile de France, retournaient à
notre pays.

Ce simulacre de domaine colonial couvrait 38,000
kilomètres carrés et comptait 400,000 sujets.

Pendant les quinze années qui suivirent la chute
définitive de l'Empire, aucune conquête coloniale ne
fut entreprise : les patriotes, qui sentent quel péril
courrait le pays en se repliant sur lui-même et en
renonçant à toute expansion, luttent d'abord contre les
excès d'un parti agrarien qui posait en dogme l'incom-
patibilité de l'agriculture et de la colonisation (1). Même
sous le règne de Charles X, qui fut marqué par la
glorieuse intervention de notre flotte reconstituée dans
la guerre d'indépendance hellénique, par de nouvelles
mesures d'accroissement de nos escadres, par un
remarquable essai de réorganisation coloniale, enfin
par la mémorable expédition d'Alger, il fallut soutenir

(2) *Expansion coloniale*, p. 102.

une lutte incessante contre les partisans de l'absolu « recueillement ». L'occupation même d'Alger ne fut acceptée par nombre d'esprits sages mais timorés qu'à la condition de demeurer une simple « opération de police ».

Il faut rappeler aujourd'hui les noms des orateurs qui soutinrent victorieusement de si rudes luttes, en faveur de l'expansion et amenèrent, à force de logique et de labeur, l'opinion française à son réveil de 1830 ; ce sont : Dubouchage, Molé, Portal, Clermont-Tonnerre et Hyde de Neuville, qui ont préparé, en plaidant les causes solidaires de la marine et des colonies, la reprise de la grande tradition nationale. Grâce à eux, l'attitude de notre flotte à Navarin fut une surprise pour nos rivaux, et on leur doit d'avoir pu confier, en 1830, à l'amiral Duperré une des plus belles flottes que la France eût encore mise à la mer : 103 bâtiments de guerre dont 11 vaisseaux de ligne, 23 frégates et 7 bateaux à vapeur, et plus de 400 navires de transport. Nous avions le moyen d'acquérir des colonies et de faire respecter nos acquisitions.

LE GOUVERNEMENT DE JUILLET n'a pris l'initiative d'aucune œuvre nouvelle d'expansion coloniale ; il dut continuer la conquête algérienne, toute opposition diplomatique étant désormais écartée. Mais son souci de vivre en bonne intelligence, sinon en étroite amitié, avec l'Angleterre, le porta à de déplorables capitulations dont l'affaire Pritchard est l'exemple le plus caractéristique.

L'attention publique et même la sollicitude des

hommes instruits avaient pour objet essentiel, en matière coloniale, la conquête et la mise en valeur de l'Algérie. Clauzel croyait la nouvelle colonie appelée à remplacer les Antilles sur le marché métropolitain ; Bugeaud voulait y fixer une robuste population empruntée à l'armée, comme jadis on avait hâté le peuplement du Canada en y expédiant le régiment de Carignan.

En 1841, nous sommes sur le point, avec le concours de Mehémet-Ali, d'asseoir définitivement notre influence en Egypte et en Syrie. L'Angleterre forme contre nous une coalition européenne et nous force d'abandonner Méhémet-Ali (1).

En 1837, nous nous établissons dans le Casamance ; en 1842, en Guinée, à Porto-Novo, au Gabon ; 1841, à Nossi-Bé ; et, par des traités successifs passés avec les rois Sakalaves, nous proclamons notre protectorat, de droit mais pas de fait, sur une grande partie de la côte occidentale de Madagascar.

En 1843, nous occupons Mayotte. En 1847, de nouveau nous envoyons deux navires de guerre dans la baie de Tourane.

Nous prenons définitivement pied en Océanie, en 1842, par l'occupation de Tahiti et de l'archipel des Marquises, et en 1847 par l'occupation de l'archipel Gambier.

Arrive la RÉVOLUTION DE 1848 avec ses utopies. Elle fit en Algérie l'essai malheureux d'une colonisation

---

(1) R. P. Piolet, p. 235.

destinée à diminuer l'intensité de la crise ouvrière de la métropole et dont n'eurent à se féliciter ni la métropole ni la colonie (1).

Sous le gouvernement du SECOND EMPIRE, les expéditions du Mexique, de Crimée et d'Italie absorbèrent nos ressources et paralysèrent notre activité coloniale, que gênait d'ailleurs le souci de l'entente cordiale avec l'Angleterre.

Les colonies recueillirent quelques bénéfices de la circulation commerciale intense dont les traités de 1860 furent le signal. Pour l'Algérie en particulier, ce régime favorisa l'afflux des étrangers et non la colonisation agricole et familiale. Si la Restauration et le gouvernement de Louis-Philippe exagérèrent peut-être les réserves et les obstacles à l'expansion que suscitaient les « agrariens », le second Empire s'en tint trop exclusivement au système mercantile.

Au Sénégal, le général Faidherbe, bornant l'action militaire aux campagnes indispensables pour arrêter les tribus pillardes et fanatiques, prépara la mise en valeur du pays et la marche vers le Niger.

L'acquisition de la Cochinchine, le protectorat du Cambodge, sont dus, comme nos progrès en Afrique occidentale, à la tenacité des officiers, qui faisaient sur place, et loin des hésitations ministérielles ou impériales, besogne de négociateurs et de conquérants tout à la fois.

Il est probable d'ailleurs que sans la guerre anglo-

____

(1) *Expansion coloniale*, p. 235.

française de Chine qui, vite achevée, laissa disponibles
des forces militaires en Extrême-Orient, nos amiraux
n'auraient point obtenu les ressources indispensables
au succès.

C'est à la suite et comme conclusion de nos
importantes conquêtes que l'on étudia, dans toute son
ampleur, la question des voies de pénétration d'Indo-
Chine en Chine (1).

La nécessité d'une base d'opérations sur l'océan
Pacifique, entre l'Asie et l'Amérique, le désir de
protéger les missionnaires catholiques, et aussi celui
de soustraire les condamnés de race blanche au climat
de la Guyane, tels furent les motifs de l'occupation
de la NOUVELLE-CALÉDONIE, en 1853.

EN 1871, notre empire colonial comptait une
superficie de moins d'un million de kilomètres carrés
et une population inférieure à 5,000,000 d'habitants.

Avant d'aborder l'étude de la grande expansion
coloniale des vingt dernières années, il ne semble pas
inutile de jeter un regard en arrière et de résumer
brièvement l'œuvre des siècles précédents.

Si les Français ont essayé, presque immédiatement
après la découverte du Nouveau-Monde, d'occuper
différents points du continent américain, c'est seulement
à partir du début du xviie siècle qu'ils ont fondé, sur
les rivages occidentaux de l'Océan Atlantique, des
établissements vraiment solides. En cent ans, ils sont
parvenus à constituer, dans l'Amérique du Nord et aux

---

(1) *Expansion coloniale*, p. 287 et 302.

Antilles, un immense empire qui a pris, au moins partiellement, un remarquable essor économique au cours du second quart du xviiie siècle, tandis que quelques hommes de talent ou même de génie travaillaient à donner à la France, dans les mers de l'Inde, la suprématie territoriale et commerciale. On sait comment, dès 1754, ces derniers échouèrent totalement, et aussi comment les désastreux traités de Paris de 1753 et de 1814, consommèrent, pour le plus grand bénéfice de l'Angleterre, la ruine complète de notre premier empire colonial. En 1814, il ne restait plus à la France, sur les rivages de l'Océan Atlantique et de l'Océan Indien, que quelques territoires sans importance, dont l'étendue totale n'atteignait même pas celle du département métropolitain de la Gironde ! (1)

Pour ne pas terminer sur une note aussi triste la première partie de notre entretien, hâtons-nous d'ajouter que l'amour de la France est encore vivant au cœur des habitants de nos anciennes colonies, séparées de leur mère-patrie par les vicissitudes de la politique.

L'Ile-de-France, que les Anglais appellent maintenant île Maurice, se souvient de son origine et la majeure partie de sa population de 370,000 âmes est restée française.

Notre langue, dans laquelle Bernardin de Saint-Pierre a écrit *Paul et Virginie,* est celle que parlent tous les habitants de l'île, de race blanche ou gens de

---

(1) *L'Œuvre scolaire de la France aux Colonies,* p. 21.

couleur, à l'exception de quelques fonctionnaires ou militaires anglais et des coolies indous.

La Louisiane fut vendue aux Etats-Unis, en 1800, et après cent ans de domination exercée par la race anglo-américaine, on peut se demander avec anxiété ce que sont devenues ses attaches si touchantes à la France. Les générations, les institutions se sont succédé, et il semble que l'empreinte doive être aujourd'hui si effacée et si fruste qu'à peine encore l'effigie soit reconnaissable ; l'effigie cependant est encore très nette. Le voyageur qui visite la Nouvelle-Orléans trouve dans l'ancienne cité de Bienville : les rues Royale, Bourbon, Dauphine, de Bourgogne, Conti, de Toulouse, de Saint-Pierre, d'Orléans, du Maine, etc.

C'est que, malgré la main-mise des Etats-Unis, la population française est demeurée un élément avec lequel il faut compter. La Nouvelle-Orléans a 300,000 habitants, la moitié au moins est d'origine française.

Dans la partie sud de l'Etat, en dehors du chef-lieu, il y a au moins vingt paroisses, dont la population collective n'est pas inférieure à 400,000 habitants ; la majeure partie de cette population est de pareille souche.

Dans quelques coins de la campagne, il reste encore des agglomérations de descendants de Français, isolés des centres américains, où l'on parle le français d'il y a deux siècles, où l'on dit, par exemple, un *pichet* pour un *pot*. Ce sont les *Cadiens*, c'est-à-dire les descendants des Acadiens réfugiés. La langue française s'y est conservée pure, à ce point qu'au cours du siècle, ce pays a pu fournir toute une pléïade de littérateurs locaux qui se sont essayés dans tous les genres et dont les productions constituent une véritable littérature française à côté de la grande.

Mais le plus remarquable exemple d'attachement à la patrie française nous est fourni par le *Canada*, où les descendants des 63,000 colons que nous y avions laissé en 1763 sont aujourd'hui 1,500,000 ; et lorsqu'on leur demande comment ils peuvent concilier leur amour pour la France avec leur loyalisme envers l'Angleterre, dont ils sont maintenant les sujets, ils répondent plaisamment : « Nous aimons la France comme notre mère et l'Angleterre comme notre belle-mère. »

On sait que le Canada, grand à lui seul comme l'Europe entière, bien que sa population n'atteigne pas 5 millions d'habitants, forme, depuis 1867, une Confédération autonome dont la capitale est Ottawa et qui comprend sept provinces.

Chacune d'elle s'administre comme elle l'entend, avec la plus entière liberté, le gouvernement fédéral n'étant compétent que pour statuer sur les affaires qui intéressent l'ensemble du pays. La province de Québec est la seule où l'élément français soit prépondérant ; mais, par sa situation géographique et l'importance de sa population, elle occupe dans la Confédération une place à part. Sur cette partie du sol canadien, qui fut le berceau de notre nationalité dans le Nouveau-Monde, 1,500,000 de nos anciens compatriotes sont groupés en un corps de nation et forment un bloc compact que l'Angleterre n'a jamais pu désagréger.

Ils ont conservé avec amour la langue, les mœurs, les traditions de leurs ancêtres, pratiquent avec ferveur la religion catholique, et, réfractaires aux idées révolutionnaires, sont restés des Français de l'ancien temps.

En dehors de la province de Québec, on trouve encore dans l'Amérique britannique de nombreux centres de population française, mais ils ne forment plus que des tronçons épars qu'on a souvent comparés à des sortes d'îles perdues au milieu des flots de la population anglo-saxonne.

Deux agglomérations attirent particulièrement l'attention : celle existant dans la province de Manitoba et dans les régions du Nord-Est américain qui correspondent à notre ancienne Acadie. Dans le Manitoba, l'union des Français avec les Indiens a donné naissance à la nation métisse, parlant exclusivement notre langue. très patriote et d'une inébranlable fidélité à l'Eglise catholique.

Les Acadiens appartenant aux classes populaires se livrent, pour la plupart, à l'industrie de la pêche et à la culture des terres. Les fermiers d'origine française établis dans le Nord-Est de l'Amérique sont, comme l'étaient leurs pères avant la conquête anglaise, des agriculteurs émérites.

Quand on visite les villages occupés par les paysans acadiens, on pourrait se croire transporté plusieurs siècles en arrière, tant ces braves gens, malgré l'amour du progrès qu'ils manifestent à tant d'égards, sont restés attachés aux usages et aux modes de la France d'autrefois. Avec ses chausses de futaine et son gros bonnet de couleur, le campagnard acadien est le portrait fidèle du paysan français au xviie siècle, et sa femme, coiffée d'une capeline originale, portant un fichu croisé sur sa poitrine, revêtue d'une robe de gros lainage confectionné par ses soins, donne parfaitement l'impression de ce que devaient être les ménagères du temps de Louis XIII ou de Louis XIV. Sous des dehors un peu frustes, ces braves gens cachent mille qualités solides. Chez eux, la famille est remarquablement hiérarchisée. Comme dans l'ancienne France, l'autorité du père est presque absolue ; sa femme et ses enfants ne le tutoient jamais et lui obéissent sans observations. De même les cadets disent *vous* à leurs aînés qui les tutoient avec une affectueuse familiarité.

Si, en Acadie, le langage rappelle celui de nos campagnards du Maine, de l'Anjou, du Poitou ; si celui de Québec a des tournures de phrases, des expressions, un accent qui dénotent l'origine normande ; par contre, aucune différence n'existe entre nos anciens concitoyens du Nord et du Sud du Canada, par rapport aux sentiments dont ils sont animés à l'égard de la France, le berceau de leurs ancêtres.

Les uns et les autres sentent leur cœur tressaillir quand on leur parle de la grande nation qui leur a donné la vie, et tous se plaisent à répéter qu'après Dieu et l'Eglise, c'est encore la France qu'ils aiment le mieux (1).

Le compte-rendu du Congrès de la colonisation,

***

(1) Camille DEROUET. — *Le Correspondant*, 1899.

tenu à Montréal les 22 et 23 novembre 1898, nous donne de si intéressants détails sur les sentiments et les espérances de nos frères d'Amérique, que je ne puis mieux faire que de citer textuellement un passage du rapport présenté par M. Arthur Buies, publiciste à Québec.

Tout en laissant à l'auteur la responsabilité de ses affirmations, disons, en passant, que ses remarques sur ses voisins des Etats-Unis paraissent un peu sévères ; mais tenons-lui compte aussi de son enthousiasme pour l'esprit français, auquel il attribue par avance le mérite de l'heureuse transformation qui doit, pense t-il, corriger les Yankees de tous leurs défauts actuels et donner plus de relief à leurs qualités natives.

« Le Canadien français a conservé une nationalité distincte, par son génie, par ses goûts, par sa conception de l'avenir et de l'idéal humain, et enfin par la direction imprimée à l'esprit. Le Canadien se distingue en ce sens qu'il conserve un attachement inaliénable à son ancienne mère-patrie, qu'il en est ici comme le prolongement et la continuation, et qu'il l'est jusqu'au cœur même des Etats-Unis où, tout en se faisant naturaliser citoyen américain, il conserve sa nationalité. Il y opère un déplacement de la France, voilà tout ; il reste attaché à ce flambeau qui a éclairé la civilisation, et il veut continuer d'en être un des rayons, d'autant plus vivace, d'autant plus puissant qu'il éclaire un plus vaste espace.

Les ancêtres des Canadiens n'étaient pas des hordes de miséreux poussés par le désespoir, et cherchant, par-delà les mers, un asile quelconque où fuir une

ingrate et souvent cruelle patrie, avec l'idée de ne jamais
la revoir ; ils ne sont pas venus, par centaines de mille.
déverser, sur des rivages hospitaliers, le contingent
monstrueux de toutes les misères sociales ; mais ils
sont venus un à un, petit à petit, par faibles groupes,
comme choisis par une main avare et difficile, continuer,
dans une seconde patrie, les foyers de la première.
Lentement, péniblement, ils ont passé par tous les
degrés de la formation, subi les longues et patientes
épreuves d'une éducation mâle et semée de périls ; ils
se sont formés avec le temps, cet auxiliaire indispensable
de toute constitution virile ; ils ont grandi par leur
seule force native et par une sélection, en quelque sorte
contrôlée de haut, qu'aucun obstacle, aucune entrave
n'a détournée de son action persistante, et aujourd'hui
ils sont un peuple, ils forment une nationalité organique,
ayant des traditions déjà séculaires et un passé commun ;
seul groupe de population qui, on peut le dire, a reçu,
en Amérique, le multiple baptême des nationalités
distinctes et durables, qui a été façonné par les lois et
les principes qui les constituent, et qui se présente
aujourd'hui comme un tout homogène, en présence des
éléments indéfiniment variés qui composent, sans la
former, l'énorme population des Etats-Unis.

Les Canadiens-Français seront appelés, un jour, à
combattre pas à pas l'envahissement du matérialisme
effréné des Yankees, qui ne peut conduire qu'à l'anar-
chie ou au règne de la force brutale, dénouement que
provoque la ploutocratie sans contrôle, l'abandon, entre
les mains de quelques milliers d'enrichis sans scrupules

et sans frein quelconques, de toutes les forces vitales d'une nation.

La passion de la richesse a fait faire, en Amérique, de grandes choses, d'admirables œuvres philanthropiques et intellectuelles, personne ne le conteste ; elle a couvert le sol d'institutions scientifiques de premier ordre ; facilité, à un degré inouï, la vulgarisation des connaissances essentielles, créé, chez bon nombre de ceux que la fortune a favorisés, une généreuse et précieuse émulation pour l'avancement et le progrès sous toutes les formes ; mais, en revanche, elle a enfanté un égoïsme tellement brutal qu'il a fini par étouffer bien des nobles passions pour en assouvir une seule, et pour justifier le mot de Sumner, l'un des grands orateurs des Etats-Unis : « Les Yankees sont en train de retourner aux Peaux-Rouges. »

Le monde ne tardera pas à se lasser de voir toutes les initiatives, toutes les volontés, toutes les ambitions converger vers le seul et unique but de l'enrichissement quand même, vers « l'Almighty Dollar », le dollar tout puissant, en dépit des résistances de l'éducation, de la culture de l'esprit et surtout des instincts supérieurs de l'homme, incapables de subir pour un temps prolongé ce qui est une nécessité du progrès matériel, mais ce qui devient aussi un ensauvagement des sociétés, en devenant leur principal, leur plus cher objectif.

Néanmoins, ce courant est fatal et impérieux ; il est une des conditions de la vie moderne, dans laquelle chacun, par suite du nivellement général de toutes les classes, est obligé de se faire sa place au soleil et de se la faire la meilleure possible. Aussi, serait-il oiseux de philosopher sur ces conditions, qui n'admettent pas la dissertation et qui s'imposent ; mais il ne faut pas oublier qu'à l'encontre de ce courant il y a d'autres tendances et d'autres aspirations qui s'affranchissent de l'évolution fatale, et qui se portent au-delà et plus haut. Ces tendances et ces aspirations, c'est la race canadienne française qui les conserve et qui, au jour venu, sera appelée à les faire prévaloir.

L'expansion du génie français en Amérique est à ce prix. Pour bien s'en pénétrer et croire à sa réalisation, il ne faut pas juger d'après les apparences, ni d'après les formes extérieures des évolutions passagères ; il faut s'éclairer à la lumière de l'histoire et du sentiment des destinées vers lesquelles marchent les différents peuples, à leur insu peut-être, mais toujours conformément à leurs instincts particuliers, à leurs aptitudes nationales.

Déjà apparaissent à l'horizon lointain les premières lueurs d'un esprit nouveau, qui veut s'affranchir du despotisme ploutocratique, et tend à anoblir le tempérament aussi bien que les goûts du peuple américain. Le culte du français devient un objet d'émulation dans les hautes classes de la société. Des Yankees, en très grand nombre, se rendent en France, d'abord pour y faire un simple voyage, et ce voyage devient un séjour prolongé, à tel point qu'il s'est établi à Paris une véritable colonie américaine, qui y est comme en permanence et s'y renouvelle à tour de rôle, tous les deux ou trois ans. A leur retour dans leurs foyers, ces

Américains, qui ont appris la langue française presque à l'égal des Français eux-mêmes, qui se sont infusé son génie, et, par-dessus tout une véritable affection pour l'esprit français, semblent n'avoir rien tant à cœur que de le propager sur leur terre natale. Ils y convient leurs concitoyens de vingt manières plus ou moins éclatantes et suggestives dont l'une consiste, depuis quelques années, à faire inviter des écrivains éminents de France à donner des conférences sur la littérature française, devant l'auditoire nombreux et choisi des universités américaines. Cette initiative inattendue, qui fait voir la remarquable souplesse des Américains à se prêter à tous les genres de culture et leur dédain absolu des mesquines préventions, nationales ou autres, qui pourraient gêner à un moment donné, l'essor libre de cette culture, donne à réfléchir sur les progrès étonnants que ne cessent de faire, dans le monde entier, la littérature et les idées françaises, malgré des revers inouïs et des désastres tels qu'on a cru voir s'y engloutir à jamais le prestige de notre vieille mère-patrie. »

III. — De 1880 à nos jours

Un remarquable mouvement d'expansion coloniale se produit en Europe depuis 1880 (1).

Jusqu'à cette époque, les puissances continentales, paralysées par leurs mutuelles rivalités, dépensaient

(1) R. P. PIOLET.

le meilleur de leurs forces et de leur argent à se jalou-
ser récipropuement, à refaire leurs armements, à se
combattre les unes les autres, se désintéressant, à
quelques rares exceptions près, des questions maritimes
et coloniales. Seule l'Angleterre, libre de ses mouve-
ments, en raison de sa situation géographique, profitait
de cette liberté pour se créer un nouvel empire colonial
plus étendu et de plus grand avenir que celui qu'elle
avait acquis au siècle dernier. Elle visait, et elle serait
arrivée successivement par des annexions heureuses, à
la main-mise exclusive sur toutes les terres de l'Océan
Indien, lorsque la subite occupation de l'Egypte, en
1882, vint réveiller la trop confiante torpeur des autres
puissances, qui, à leur tour, entrant dans l'arène, se
décidèrent, au moins quelques-unes d'entre elles, à se
créer un empire au-delà des mers.

Nous avons acquis pendant cette période :

1º La Tunisie, en 1881 ;

2º En 1885, le Congo français ;

3º L'Annam-Tonkin, en 1883-1885 ;

4º Une partie du Cambodge, en 1884-1895 ;

5º Le Dahomey, en 1892 ;

6º Madagascar, en 1895 ;

7º Le Soudan, enfin, par une série d'expéditions
allant de 1886 à 1897.

Ces nouvelles acquisitions, jointes aux chétifs
lambeaux échappés aux ruines de notre ancien empire
colonial : Réunion, Martinique, Guadeloupe, Guyane,
Etablissements de l'Inde, Sénégal, et aux acquisitions
de l'Algérie, de Tahiti, de la Nouvelle-Calédonie, de la

Cochinchine, du Cambodge, et de quelques autres de moindre importance, constituent un empire dont l'étendue peut être évaluée à plus de 4,000,000 de kilomètres carrés, en ne comptant que les territoires qui nous sont définitivement acquis ; et à plus de cinq millions ou même six millions de kilomètres carrés, en comptant ceux qui sont dans notre sphère d'influence et qui nous appartiendront un jour, si nous savons faire valoir nos droits.

C'est donc une superficie totale égale à treize fois au moins celle de la France.

Or, on ne compte que 41,855,000 habitants dans ces territoires, qui pourraient facilement en nourrir un nombre dix fois plus considérable.

Des jugements divers et parfois contradictoires ont été portés sur cette œuvre d'expansion coloniale. Les uns estiment que ce grand effort a été en pure perte et n'a abouti qu'à affaiblir la France en Europe ; les autres pensent que ce mouvement a ranimé la vigueur et fait renaître la confiance de notre nation en ses forces ; d'autres enfin, sans nier absolument la vertu de ce réveil des énergies françaises, inclinent à croire que l'impulsion colonisatrice, s'exerçant de toutes parts au cours d'un laps de temps si restreint, a excédé nos facultés d'assimilation, mais qu'on n'aura pas lieu de s'en repentir si désormais une politique de saine exploitation succède à celle des annexions territo-riales (1).

---

(1) *Expansion coloniale*, p. 375.

On ne discute pas avec une moindre vivacité sur la valeur propre de ce domaine si rapidement acquis. Il est bon d'ailleurs de remarquer que si la politique coloniale fut souvent l'effet d'une véritable préméditation de nos hommes d'Etat, elle fut ainsi, dans maintes circonstances, dictée et inspirée par des événements que déchaînaient tout à coup des convoitises d'autres nations rivales de la France.

Au lendemain de nos revers de 1870-1871, l'opinion publique considérait déjà, en dépit de l'épreuve d'une insurrection étendue, l'Algérie comme une partie intégrante de la France. On estimait que cette grande colonie avait valu à la mère-patrie une armée vaillante et exercée, à laquelle le nombre seul avait manqué dans le sanglant conflit qui prenait fin ; la révolte de quelques tribus ne faisait pas oublier l'héroïque conduite des tirailleurs algériens à Wissembourg et sur d'autres champs de bataille.

Le Gouvernement général de l'Algérie, confié successivement aux maréchaux Pelissier et de Mac-Mahon, était considéré comme une des plus hautes charges de l'Etat. Enfin l'œuvre de colonisation, qu'on inclinât vers la prépondérance du peuplement, comme Bugeaud resté populaire, ou vers celle du commerce et des grandes compagnies, comme l'Empereur et l'école libre-échangiste, intéressait vivement toutes les classes de la nation.

Le souci constant des affaires algériennes était entré dans les mœurs ; peu de familles, riches ou pauvres, avaient échappé à l'attrait de la terre d'Afrique ; la nation s'intéressait au sort d'une armée nombreuse séjournant longtemps en Algérie et poursuivant la pacification complète du pays.

L'établissement du Protectorat français en TUNISIE est un des plus brillants succès de notre politique coloniale. Notre intervention porta, cette fois encore, le caractère de précautions légitimes et d'inévitable défense qui marque toutes nos entreprises coloniales de ce dernier quart de siècle. Au reste, le traité de Kasser-Saïd ou du Bardo (12 Mai 1881), signé après l'entrée de nos troupes à Tunis, n'était pas une victoire définitive de l'influence française. Deux ans plus tard, le traité de la Marsa (8 Juin 1883), signé avec le nouveau Bey, consacre le contrôle français sur les finances tunisiennes au prix d'une garantie de la dette. Ce fut seulement quinze ans après la signature du premier traité du Protectorat que la France put enfin se libérer des conventions commerciales antérieurement conclues par le gouvernement tunisien, à l'avantage de certains Etats étrangers. Les grands travaux publics récemment entrepris, les fortifications de Bizerte, la construction d'un arsenal qui nous dotera sur le rivage africain de la Méditerranée d'un port militaire presque équivalent à celui de Toulon, constituent les bases de notre action dans la Régence.

S'il reste encore quelques lacunes à combler pour amener la Tunisie, occupée seulement depuis 1880, au même degré de développement que l'Algérie conquise cinquante ans plus tôt, il n'est pas téméraire d'affirmer que l'équilibre s'établira bientôt.

L'Afrique du Nord, qui a fourni déjà tant d'héroïques soldats à notre armée coloniale, donnera aussi son contingent à notre force maritime : le prélude nécessaire de cette solidarité vraiment complète et sûre est le resserrement des liens d'intérêt économique entre la Métropole et ses provinces jumelles d'outre-Méditerranée : ce resserrement n'est possible que si l'on surveille, avec une rigoureuse vigilance, non-seulement l'échange des denrées mais encore et surtout l'échange des hommes, c'est-à-dire l'immigration et la naturalisation.

Il y a égal intérêt à ne pas permettre l'afflux tumultueux et non contrôlé des émigrants étrangers dans l'Algérie-Tunisie et à ne conférer la naturalisation qu'à des individus bien francisés déjà de langue et de cœur ; les statistiques des dernières années paraissent prouver que nous avons péché par excès de libéralisme.

Voici le résultat du dernier recensement :

Algérie 24 Mars 1901 :

Population totale...... 4.738.831

Musulmans sujets français.. .... 4.071.335

Tunisiens 2.394

Marocains.... .... 23.872

Israélites indigènes naturalisés français... 57.132

Européens { Français....... 364.257 } 584.098
{ Etrangers..... . 219.841 }

La population d'origine européenne s'est accrue, de 1896 à 1900, de 54.000 âmes en chiffres ronds, soit environ 10.000 par an.

En 1896, il y avait, en Tunisie, 16,534 Français.

Aujourd'hui, il y en a 23,692.

Soit un total de 40,000 Français si l'on ajoute au chiffre précédent 15,000 militaires du corps d'occupation.

Tunis et Bizerte sont les centres qui ont le plus augmenté durant cette période.

Tunis passe de 9,994 à 12,490.

Bizerte de 934 à 3,358.

Les résultats globaux représentent pour la Tunisie une augmentation annuelle d'environ 1,500 Français.

Le nombre des étrangers résidant en Tunisie au premier janvier 1901 s'élève à 82,667, dont 12,000 Anglo-Maltais et 67,420 Italiens.

Commerce de la Régence, 100,000,000 de francs.

La part de la France ressort à 51,16 0/0 des exportations et 59,6 0/0 des importations (1).

On a pu dire que la seule histoire de notre expansion cortemporaine en Afrique, grâce à la science des explorateurs, à la vaillance de l'armée, à l'effort de la diplomatie, était plus importante que celle de plusieurs siècles de notre expansion des périodes précédentes. La prudence ordonne, toutefois, de moins insister sur les dimensions prodigieuses de notre nouveau domaine africain que sur sa vérité ; de méditer plutôt sur l'emploi rationnel de chaque région suivant sa nature, que de rêver l'union des diverses parties. Il y a chez nous un « enthousiasme africain » qu'il faut éclairer sans le détruire, qu'il faut tempérer pour le rendre efficace.

Les projets d'établissement de voies ferrées trans-

---

(1) *Quinzaine Coloniale.*

sahariennes semblent encore prématurées ; la prolongation de la ligne Constantine-Biskra jusqu'à Ouargla vient d'être décidée ; celle de Aïn-Sefhra se poursuit le long de la frontière marocaine, et de bons esprits voudraient la voir poussée jusqu'à Tombouctou ; d'autres rêvent d'une ligne qui aboutirait au lac Tchad et rejoindrait le chemin de fer anglais de l'Ouganda. Une autre voie de pénétration s'ouvre pour nous vers le centre africain : celle du Niger par le Sénégal, au moyen du chemin de fer de Kayes à Bafoulabé, Kita et Toulimandio.

Des difficultés avec le roi du DAHOMEY amenèrent une première intervention de nos troupes en 1889. Un traité s'ensuivit, négocié par l'amiral de Cuverville et le Père Dorgère avec Behanzin. En 1892, tout était à recommencer, et nos troupes, conduites par le général Doods, firent la conquête définitive du pays.

La fondation de la colonie française du CONGO est le développement logique, mais rapide et merveilleusement pacifique, de nos entreprises antérieures au Gabon. Le mérite essentiel de l'initiative revient tout entier au grand explorateur Savorgnan de Brazza, qui conçut et exécuta le projet de donner aux colonies françaises de l'estuaire gabonais un débouché vers le bassin du Congo.

Sa glorieuse rivalité avec Stanley, sa manière toute différente de comprendre les devoirs de l'explorateur et du colon, l'inspiration qu'il sut communiquer, comme Faidherbe, à une véritable pléiade de collaborateurs qui furent pour lui des disciples, tout lui confère sans conteste le titre de fondateur de notre vaste colonie.

L'expansion française rencontra d'ailleurs nombre d'obstacles : elle se heurta d'abord à des compétiteurs dont l'opposition se masqua derrière l'œuvre en apparence internationale et indépendante de l'Etat du Congo ; et l'expérience montra bientôt que le voisinage d'un neutre peut avoir ses graves inconvénients tout comme celui d'un Etat de pleine souveraineté. Dans cette première passe diplomatique, la France donna des preuves manifestes de son esprit conciliant ; et l'on peut dire que sa bonne volonté eut graduellement pour effet de soustraire l'Etat libre (du Congo) aux suggestions de quelques mauvais conseillers, et de lui conférer enfin son vrai caractère de communauté largement ouverte à l'exercice des initiatives les plus diverses (1).

Frustrée de son développement vers le sud, la France élargit son action vers le nord, en annexant à ses territoires de l'Oubanghi les pays riverains du CHARI et du TCHAD. Enfin, malgré les titres certains que lui conférait l'admirable mission de Marchand, elle sacrifia à l'amour de la paix son projet de jonction de son domaine congolais avec le Haut-Nil, et s'inclina provisoirement devant l'intransigeance de la Grande-Bretagne.

Ne quittons pas l'Afrique sans mentionner notre Protectorat de la COTE DES SOMALIS, la STATION D'OBOCK et les débuts pleins d'espérances et de

---

(1) *Expansion coloniale*, p. 581.

promesses du port de DJIBOUTI, tète de ligne du chemin de fer d'Abyssinie. (Sur la rive arabe, Cheik-Saïd domine l'îlot anglais de Périn.)

Parallèlement à la côte orientale d'Afrique, dont elle n'est séparée que par un bras de mer large de 85 lieues marines, le canal de Mozambique, s'étend MADAGASCAR, l'une des plus grandes îles du monde. Sa superficie dépasse de 60,000 kilomètres carrés celle de la France actuelle ; bien plus longue que large, elle a 1,600 kilomètres du Nord au Sud et 470 kilomètres de l'Est à l'Ouest dans sa largeur moyenne. (Comme point de comparaison, la distance de Paris à Marseille est de 863 kilomètres.) (1)

Il a fallu vingt années de négociations et de guerres, avec des vicissitudes étonnantes de fidélité à la tradition française et de faiblesse, pour consacrer à Madagascar, en fait, une condition de droit claire et vieille de plusieurs siècles.

Placée sur la route des Indes, quand les navires devaient, pour s'y rendre, doubler le Cap de Bonne-Espérance, Madagascar attira de bonne heure l'attention des Portugais, puis des Hollandais ; les Anglais essayèrent aussi de s'y établir (1510-1520).

A la même époque, nos marins normands et bretons, gens à tout oser, ayant eu connaissance des immenses bénéfices qu'il était facile de faire dans l'Insulinde, envoyaient dans ces régions des expéditions répétées. Mais c'est seulement en 1642 qu'un Dieppois, le

----

(1) A. RAMBAUD, p. 400.

capitaine Rigault, demanda au Cardinal Richelieu l'autorisation d'établir une colonie dans ces parages. Le 24 juin de la même année, des lettres-patentes furent octroyées au capitaine Rigault et à ses associés, leur accordant la concession, pendant dix ans, de Madagascar et des îles adjacentes. Telle est la base de nos droits sur Madagascar, en vertu du principe généralement admis que tout pays habité par des peuples sauvages appartient de droit au premier occupant capable d'y introduire la civilisation. Ainsi s'établirent les Anglais en Amérique, en Australie et ailleurs, les Espagnols au Mexique et dans l'Amérique centrale, les Portugais au Brésil, les Hollandais aux îles de la Sonde.

La Compagnie des Indes-Orientales, fondée par Rigault, envoya successivement deux administrateurs à Madagascar : Pronis et Flacourt ; mais lorsqu'arriva le terme de sa concession, son échec était complet. Elle fut réorganisée sous la présidence du maréchal de La Meilleraye, le résultat ne fut pas meilleur.

Colbert tenta un nouvel essai, mais bientôt la nouvelle Compagnie qu'il avait fondée demandait au roi la permission de lui restituer la grande île. Louis XIV, au moment où l'Europe entière était liguée contre nous, ne put envoyer à Madagascar des forces suffisantes ; il ne voulut pas du moins, non plus que son successeur, abandonner nos droits : des arrêts du Conseil, de 1686, 1719, 1720 et 1721, proclamèrent Madagascar colonie française.

En 1829, une expédition malheureuse fut entreprise contre Tintingue. Quelques français, colons et missionnaires, entretinrent l'influence française dans la grande île et s'efforcèrent de combattre les menées de l'Angleterre. Divers traités conclus avec les Howas et toujours inobservés, obligèrent la France à intervenir en 1883 et en 1885. On sait l'histoire héroïque de l'expédition qui commença le 16 février 1895 par l'occupation de Majunga, la marche de nos soldats à travers un pays dévasté et dépourvu de routes, l'admirable dévouement des troupes du génie, hélas ! plus que décimées par la fatigue et par la fièvre, après avoir accompli des prodiges d'intelligence et de valeur qui assurèrent le passage de remparts montagneux presque abrupts ; enfin, l'irrésistible poussée d'une colonne légère de 4,000 hommes, vraie colonne infernale, qui bouscula une armée hova dix fois plus nombreuse et enleva Tananarive. Le général Duchesne imposa la paix à la reine dans son propre palais.

Or, malgré une si rude épreuve, le traité de paix du 1er octobre 1895 n'était encore qu'un traité de protectorat. Les intrigues de la reine Ranavalo et de ses conseillers hovas, partisans de l'Angleterre, ne prirent fin qu'après le vote de la loi du 30 mai 1896, déclarant colonie française l'île de Madagascar, avec les îles qui en dépendent.

Aujourd'hui, sous la ferme admininistration du général Galliéni, Madagascar est devenue une colonie où la prépondérance des intérêts français de culture et de commerce est assurée.

En INDO-CHINE, l'œuvre d'expansion fut autrement difficile et complexe. Il fallut compter avec une population nombreuse et assez homogène, apparentée d'ailleurs, par la race et les mœurs, à des voisins mal disposés contre nous : Chinois, Siamois et autres ; enfin, le contact des peuples de la péninsule avec un empire de plusieurs centaines de millions d'habitants, sur des confins que ne sépare aucune grande montagne, est le péril majeur qui menaçait nos essais d'expansion.

L'empire créé dans la péninsule indo-chinoise est composé de parties distinctes : la COCHINCHINE (la plus ancienne des possessions françaises) fut constituée par voie de conquête à la suite de vexations innombrables infligées par Tu-Duc, empereur d'Annam, à nos nationaux et à nos missionnaires ; le protectorat sur le royaume du CAMBODGE fut ensuite établi ; l'ANNAM et le TONKIN, ouverts à nos armes par Francis Garnier, sont acquis à la France grâce aux efforts de Jules Ferry et aux succès remportés par nos troupes de terre et de mer, sous les ordres de l'amiral Courbet et des généraux Millot, Brière de l'Ile et Négrier. Enfin, le LAOS s'est trouvé tout naturellement annexé à ce domaine durant ces dernières années, et nous venons d'acquérir en Chine la BAIE DE TOUANG-TCHÉOU-OUAN. Nous sommes donc les voisins du Siam et de la Chine.

Nos relations avec la COCHINCHINE sont anciennes : le premier missionnaire français qui visita le delta du Mékong, fut le Père Georges de la Mothe, en 1585. Enfin Pigneau de Béhaine, évêque d'Adran, à la suite de nombreux services rendus à Gia-Long, empereur d'Annam, établit la prépondérance de l'influence fran-

çaise en Indo-Chine, au point que, en 1787, Louis XVI
signait à Versailles avec Canh-Dzué, fils du roi d'Annam,
un traité d'alliance offensive et défensive.

La NOUVELLE-CALÉDONIE fut aperçue pour la
première fois par Cook, le 4 septembre 1774 ; La
Pérouse et d'Entrecasteaux la visitèrent sans résultat.
Ce n'est que le 24 septembre 1853 que l'amiral Febvrier-
Despointes en prit possession, ainsi que de l'ILE DES
PINS (superficie égale à trois fois celle de la Corse).

Grâce à la patriotique intervention des Religieux
Maristes, qui nous ont permis de devancer l'Angleterre,
nous avons acquis un point d'appui d'une valeur
incontestée dans le Pacifique.

L'île est très montagneuse, le sol est admirablement
sain ; la culture et même les défrichements n'occasionnent
ni fièvre paludéenne ni dyssenterie. Le climat, toujours
tempéré, ne peut se comparer qu'à celui du Midi de la
France, où l'on remplacerait l'hiver par un prolongement de l'automne venant sans secousse se rattacher
au printemps. La culture y est facile et assez profitable ;
on y trouve de la houille, du fer, de l'or et surtout du
nikel. Malheureusement la main-d'œuvre y fait défaut
par suite de la disparition progressive des indigènes et
par la mauvaise volonté de la population pénale.

Population (libre) civile et militaire.... 10,595
Transportation (condamnés, libérés et
   relégués) 11,602
Engagés océaniens et asiatiques....... 4,000
Indigènes .... de 25 à 30,000
                TOTAL.......... 56,197

On aurait d'ailleurs une idée fort incomplète de notre influence dans le monde si on la croyait limitée aux territoires sur lesquels flotte notre drapeau. Nous avons vu l'attachement que montrent les Canadiens et les habitants de l'île Maurice pour leur ancienne patrie ; des groupes importants de nos compatriotes existent aux Etats-Unis, au Mexique et dans l'Amérique du Sud. En Egypte, une colonie française, de quinze mille àmes au plus, lutte vaillamment pour nous garder quelque influence dans ce pays qui devrait être à nous.

En Palestine et dans tout l'Orient, le protectorat français, confirmé par le Souverain Pontife, s'exerce encore sur toutes les œuvres catholiques, malgré les intrigues de nos puissants rivaux.

En Chine, ce même protectorat officiellement reconnu par l'empereur, nous assurera, si nous le voulons, une situation prépondérante. Nos missionnaires français sont plus nombreux que ceux de toutes les autres nations réunies (sur 6,106 missionnaires, 4,500 français environ, soit 73 à 77 0/0).

« Ces soldats du Christ sont aussi nos meilleurs diplomates et nos plus puissants auxiliaires pour la conquête pacifique des nations qui ont appris, par eux, à chérir la fille aînée de l'Eglise. Un de nos meilleurs ambassadeurs auprès du Sultan, le regretté M. Henri Fournier, homme du monde doublé d'un observateur émérite, disait, bien qu'il fût plutôt voltairien que religieux : « Semez de la graine de missionnaires ; car avec des soldats seulement, on s'annexe bien des nations, mais on s'en fait détester — l'Angleterre nous le prouve aujourd'hui plus que jamais ; — tandis qu'avec ses missionnaires, la France conquiert le monde et s'en fait aimer (1). »

(1) A. A. Fauvel. — *Nos Missionnaires patriotes et savants.* (Le Correspondant, 1900.)

Epernay. — Imp. du *Courrier* (Henri Villers, Directeur).

118